CARN

Handball

Jean-Jacques Curelli
Paul Landuré

MILAN

Comment utiliser ton carnet

Ton carnet a été conçu pour que tu puisses t'en servir facilement : grâce à son petit format, tu peux le glisser dans ta poche ou dans ton sac, et l'avoir ainsi avec toi dans ta chambre, ou à l'entraînement.

30 CARNETS DU SPORT

Ton équipe a perdu la balle

Tu deviens immédiatement défenseur. Tu dois à la fois protéger ton but et chercher à reprendre la balle.

1re stratégie

Tu dois reconquérir la balle, dès la perte de celle-ci, en exerçant un « pressing » sur tout le terrain. Chaque défenseur prend en charge un attaquant et doit contrôler visuellement la position de la balle en permanence. Il harcèle le porteur de la balle afin d'intercepter cette dernière.

2e stratégie

Tu dois protéger d'abord le but en revenant rapidement vers ton terrain. L'équipe se regroupe près de la zone de défense pour empêcher toute contre-attaque. Tu tentes de contrôler la position de la balle en gênant le porteur de la balle.

HISTOIRE MATÉRIEL RÈGLES

Un découpage en couleurs, situé en bas de page, t'indique aussitôt dans quelle partie du carnet tu te trouves.

Sommaire

LE HANDBALL

Ce carnet te permettra de pénétrer dans l'univers du handball. Tu vas y découvrir les règles fondamentales d'un sport qui privilégie avant tout l'esprit d'équipe. Grâce à des entraînements réguliers, tu seras, peut-être, un jour, un champion.

LE HANDBALL

Tu défends près de ton but

Lorsque tu fais face au porteur de la balle :
- place-toi entre le but et ton adversaire ;
- reste bien équilibré, jambes et bras fléchis ;
- sois plus ou moins proche de l'attaquant selon sa position sur le terrain ;
- tu le contrôles;
- tu peux intervenir, tu le neutralises en le stoppant.

Quand tu es proche du porteur de la balle :
- aide ton partenaire en te plaçant judicieusement ;
- gêne la passe à ton adversaire direct ;
- interviens sur ton adversaire s'il reçoit la balle.

Info plus
Le repl[illegible]fensif, c'est avant tout un état d'esprit, la volonté d'empêcher l'action adverse immédiate.

Quand tu es loin du porteur de la balle :
- contrôle ton adversaire ;
- place-toi pour intervenir sur la trajectoire de la balle ;
- intercepte la balle.

TECHNIQUE | INFOS | INDEX

Les encadrés te donnent des indications générales mais aussi des informations supplémentaires.

Tu as hâte de jouer au handball avec tes copains. Mais pour bien le faire, il faut que tu connaisses les règles de ce jeu passionnant. Il faut que tu apprennes comment te déplacer avec la balle et ce que tu peux faire quand elle est en ta possession. Attention, pas de faute, l'arbitre veille !

Les photographies te servent de support pour bien visualiser le geste technique.

Les origines du jeu

C'est en Hongrie, à la fin du XIXe siècle, qu'est apparu pour la première fois un jeu de balle, initiateur du handball d'aujourd'hui.

Le handball s'est très souvent joué sur du gazon.

Un sport venu d'Allemagne

En 1919, un professeur d'éducation physique, Karl Schellenz, crée à Berlin les premières règles d'un jeu de balle à la main (*Hand*) qui se pratique à 11 joueurs sur un terrain de football.

Un jeu d'appoint

À cette époque, un jeu similaire se pratique déjà en salle dans les pays scandinaves, Danemark, Norvège, Suède. Le handball reste au début un jeu d'appoint, adopté par d'autres fédérations sportives comme la Fédération allemande d'athlétisme. Il sert alors à entretenir la condition physique des athlètes pendant l'intersaison.

Première rencontre de l'après-guerre entre la sélection d'Alsace et la sélection de Paris

Match de handball féminin à Madrid, vers 1935

Un départ tardif

En France, c'est en Alsace et en Lorraine que le handball fait ses premières apparitions, en 1925. En 1935, une première fédération est née à Metz, mais la Fédération française ne prend son essor qu'en 1941.

Quelques dates :

1928 – Création de la Fédération internationale de handball amateur.
1936 – Apparition du handball pour la première fois aux Jeux olympiques de Berlin.
1938 – Premiers championnats du monde de handball à 11 et à 7 en Allemagne.
1972 – Le handball devient officiellement discipline olympique lors des Jeux de Munich.
1976 – Le handball féminin apparaît aux Jeux olympiques de Montréal.
1994 – Premiers championnats d'Europe des équipes nationales.
En l'an 2000, la Fédération internationale de handball regroupe 145 pays et compte environ 15 millions de pratiquants.

De 11 à 7

Très pratiqué dans les écoles, le handball va connaître un succès grandissant chez les jeunes au point de devenir le premier sport scolaire. Parallèlement, instituteurs et enseignants d'éducation physique développent ce sport dans les clubs. Progressivement, le handball à 7 qui se pratique en salle remplace le handball à 11, qui disparaît au début des années 60.

Rencontre interclubs dans les années 30

Le terrain

Le handball se pratique essentiellement sur des terrains aménagés à l'extérieur sur du bitume ou en salle sur du parquet.

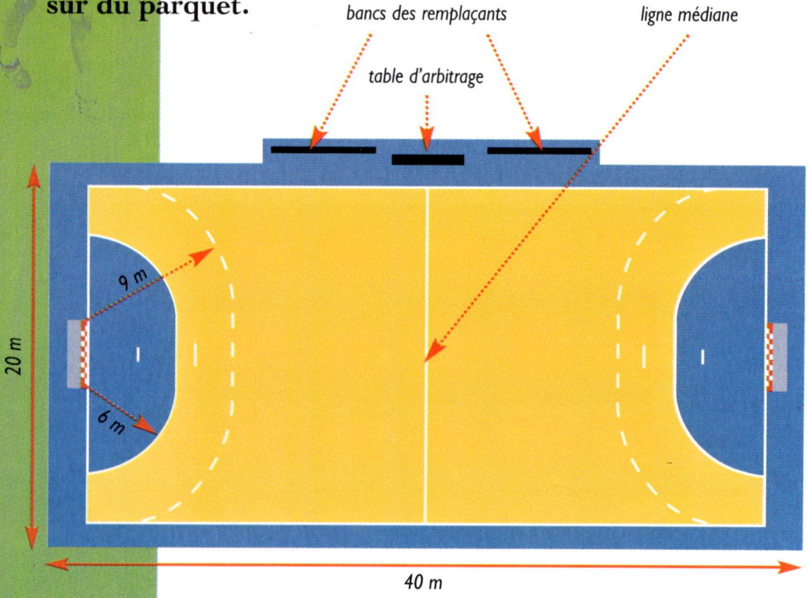

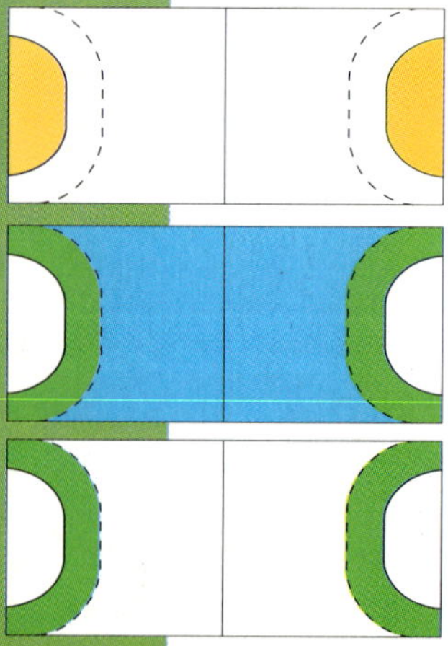

Un rectangle de 40 m sur 20 m

Chaque ligne et chaque zone ont leur importance.

- La surface jaune est réservée au gardien de but. Tu n'as pas le droit de t'y trouver si tu es joueur de champ.
- La surface bleue est celle où tu peux évoluer comme joueur de champ.
- La surface verte comprise entre la ligne de surface de but et celle du jet franc est interdite aux attaquants sur jet franc et à tous les joueurs sur jet de 7 m (sauf si tu es le tireur !).

Les buts

Ils sont larges de 3 m et hauts de 2 m (attention, ce sont les mesures intérieures qui sont toujours citées). Ils sont placés au milieu des lignes de fond et doivent être bien fixés au sol.

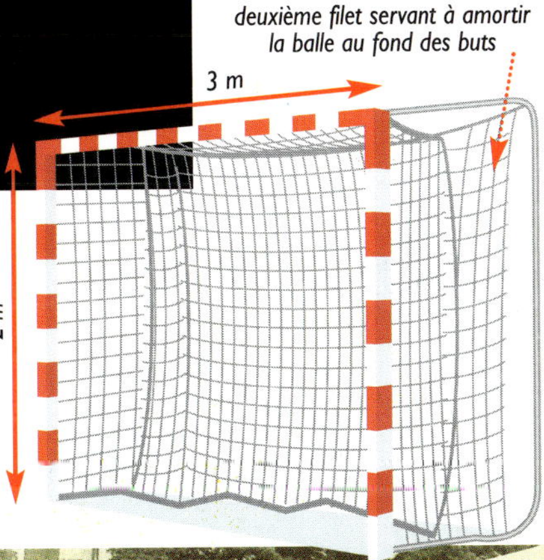

Le sandball

Joué sur la plage, ce « sport nouveau » connaît un succès grandissant. Le terrain est simplifié et tu peux facilement l'organiser. Pour les buts, enfonce des piquets dans le sable !

Présentation

Le handball se joue à 7. Il y a 6 joueurs de champ et 1 gardien de but. Il se joue à la main et chaque équipe essaie de marquer le plus de buts possible.

La balle

Elle est faite d'une enveloppe de cuir ou de matière synthétique de couleur unie.
En senior masculin, elle a une circonférence comprise entre 58 et 60 cm et pèse entre 425 et 475 g.
En senior féminine, elle fait entre 54 et 56 cm et pèse entre 325 et 400 g.
Il existe des ballons plus petits et moins lourds chez les jeunes (de 46 à 48 cm de circonférence).

Info plus

Le joueur utilise souvent de la colle spéciale afin de mieux tenir la balle.

Chez les tout jeunes

Le nombre de joueurs est réduit. Ainsi au mini-handball par exemple, 5 joueurs évoluent sur le terrain : 1 gardien de but et 4 joueurs de champ.

Le gardien de but

Il porte une tenue de son choix, de couleur différente pour les 2 équipes.
Il est vivement recommandé de porter un maillot à manches longues et un pantalon matelassé.

Info plus

Au handball, il peut s'avérer utile de porter quelques protections. Les genoux sont très sollicités et tous les grands joueurs les protègent avec des genouillères.

Le joueur de champ

L'équipement est composé d'un short, d'un maillot, de chaussettes et de chaussures de sport. Le maillot porte 2 numéros compris entre 1 et 20, l'un sur le dos (h. : 20 cm), et l'autre sur la poitrine (h. : 10 cm).

Les règles fondamentales

Le handball est un sport passionnant parce que ses règles sont simples et ont été établies pour garantir un jeu rapide, engagé, offensif et spectaculaire.

Ton équipe a la balle, tu es attaquant

Si tu as la balle…

- tu avances vers le but en faisant 3 pas ;
- tu continues à avancer vers le but en dribblant. Tu fais alors rebondir la balle au sol d'une main ;
- tu arrêtes de dribbler et tu refais 3 pas ;
- tu tires au but hors de la zone du gardien de but, ou tu passes la balle à un coéquipier.

Tu ne peux pas :

- avancer de plus de 3 pas sans dribbler (marcher) ;

• conserver la balle plus de 3 secondes à l'arrêt ;

• « percuter » un défenseur (passage en force).

Ton équipe n'a pas la balle, tu es défenseur

Tu contres les tirs :

• tu stoppes l'attaquant porteur de balle en te mettant devant lui ;
• tu interceptes la balle quand les attaquants se font des passes ou dribblent.

Tu ne peux pas :

• jouer dangereusement sur un attaquant en le retenant, le poussant, le ceinturant, le frappant, en te jetant sur lui ;

• arracher la balle dans les mains du porteur de balle.

Le joueur de champ

Voici quelques règles par rapport à la balle, que tu dois connaître…

Tu tires dans les buts

Si le gardien ne peut arrêter la balle et qu'elle pénètre en totalité au sol ou en l'air dans le but, l'arbitre accordera le point à ton équipe !

La balle n'a pas franchi entièrement la ligne…

Le but n'est pas accordé.

Tu tires hors du cadre…

Si elle a été lancée par un attaquant ou déviée par le gardien de but, celui-ci effectue un renvoi de la balle, de sa surface de but vers un joueur dans le champ. Si elle a été lancée ou déviée par un défenseur, la balle est remise en jeu par un attaquant vers un partenaire du champ, du coin du terrain le plus proche (intersection ligne de but, ligne de touche). On appelle aussi ce lancer un jet de coin.

Tu perds la balle

La balle franchit entièrement la ligne de touche. Un joueur de l'équipe adverse effectue une remise en jeu de l'endroit où la balle est sortie. Il doit poser un pied sur la ligne de touche pour pouvoir effectuer son lancer.

Tu fais une faute

Deux adversaires commettent une faute en même temps, et l'arbitre ne peut déterminer qui a commencé. Il décide d'effectuer un jet d'arbitre. Il lançe la balle verticalement vers le haut entre 2 adversaires. Chaque équipe choisit un joueur qui saute haut pour récupérer la balle et tous les autres joueurs doivent être au moins à 3 m.

L'engagement

Chaque mi-temps débute par un engagement effectué au coup de sifflet de l'arbitre. Si tu engages, tu seras au milieu du terrain avec la balle, tes équipiers seront tous dans votre camp, les adversaires étant de l'autre côté, à au moins 3 m. Au coup de sifflet de l'arbitre, tu auras 3 secondes pour passer la balle à un partenaire. Après chaque but en compétition officielle, la remise en jeu s'effectue également du centre du terrain, au coup de sifflet de l'arbitre.

Les principales sanctions

Tu manies irrégulièrement la balle, tu fais plus de 3 pas balle en main, tu bouscules irrégulièrement un adversaire… : tu seras immédiatement sanctionné.

Info plus

Lorsqu'il y a jet franc, les joueurs adverses doivent se tenir à 3 m du lanceur et des joueurs ; quant aux joueurs de ton équipe, ils ne doivent ni toucher, ni franchir la ligne de jet franc.

Le jet franc

Il s'exécute depuis l'endroit où une des fautes suivantes a été commise.

Jet franc pour les fautes suivantes :

- changement irrégulier ;
- fautes du gardien, fautes des autres joueurs dans la surface de but ;
- maniement irrégulier du ballon, lancer intentionnel de la balle en touche ;
- conduite irrégulière envers l'adversaire et lors d'un renvoi ;
- engagement irrégulier ;
- comportement irrégulier lors des jets ;
- fautes grossières et répétées ;
- attitude antisportive ;
- voie de fait.

Le jet de 7 m

C'est un lancer au but direct, qui doit être exécuté dans les 3 secondes suivant le coup de sifflet de l'arbitre.

Jet de 7 m pour les fautes suivantes :

- conduite irrégulière lors d'une action créant un danger de but ;
- retour du gardien de la surface de jeu dans la surface de but, balle en main, ou action manifeste du gardien pour faire pénétrer la balle au sol de la surface de jeu dans la surface de but ;
- violation de sa propre surface de but en désavantageant l'attaquant en possession de la balle ;
- lancer de la balle à son propre gardien dans sa surface de but.

Info plus

Lors de l'exécution d'un jet de 7 m, le tireur ne peut ni toucher ni franchir la ligne des 7 m avant que la balle n'ait quitté sa main.
La balle ne peut être rejouée qu'après avoir touché le gardien ou les montants du but.

Tu ne peux pas tirer au but en prenant appui dans la zone ou en marchant dans celle-ci : c'est un empiètement.

Les passes et les réceptions

Pour jouer avec tes partenaires, tu dois savoir faire de bonnes passes et attraper la balle correctement.

La passe

Pour réussir une bonne passe, tu tiens fermement la balle dans la main ; le coude doit être loin du corps. Tu lances la balle avec un fouetté poignet/doigts vers l'avant, vers l'arrière ou sur le côté. La trajectoire de la balle est le plus souvent tendue. Elle doit arriver devant ton partenaire à la hauteur des yeux.

Info plus

La trajectoire de la balle (chemin qu'elle parcourt entre le passeur et le réceptionneur) est la plupart du temps droite et parfois à rebond pour éviter une interception lors d'une passe au pivot ou à l'ailier.

Sandrine Mariot, capitaine de l'équipe de France féminine

La réception

Pour attraper la balle, tu dois pouvoir courir vers le but sans être trop gêné par les adversaires. Tes mains sont prêtes, bras un peu fléchis, doigts écartés.

Le dribble

Tu peux progresser vers le but adverse en dribblant. Il faut faire rebondir la balle au sol sans jamais la prendre dans la main. Le corps en équilibre, tu peux dribbler sur place ou en déplacement, en changeant de main si cela est nécessaire (entre les jambes, devant, sur le côté, derrière...).

Le débordement

Déborder un ou plusieurs adversaires avec ou sans ballon, c'est échapper. Il faut être très dynamique avec une bonne coordination.

Info plus

Échanger la balle entre les partenaires se fait le plus souvent en courant vers le but adverse.

Le tir

C'est l'action décisive qui amène le but. Il existe plusieurs techniques de tir. Tu dois les apprendre toutes pour être efficace en jeu.

Le tir en appui

Les pieds sont posés au sol et décalés.

Tu reçois la balle en course

La balle est tenue haut et loin en arrière. Le buste reste équilibré. Les pieds sont bien décalés. Pour effectuer un bon tir, puissant et précis, tout le corps participe au lancer. Le tir en appui est utilisé aussi au tir de 7 m (penalty).

Le tir en suspension

Il se fait en sautant en l'air pour exploiter l'espace au-dessus de la défense ou pour s'approcher du but au-dessus de la zone.

Tu reçois la balle en course

Tu sautes haut en prenant l'impulsion sur ton pied droit ou ton pied gauche. Tu dois rester équilibré en l'air en plaçant correctement les bras et la jambe libre. Tu tires fort pour battre le défenseur et le gardien de but.

Tu cours le long de la ligne de touche vers la zone adverse...

Tirer au but

Si tu te trouves à l'aile, tu dois sauter haut et loin vers l'intérieur de la zone pour ouvrir l'angle de tir. Le tir peut être puissant ou, au contraire, pas très fort après une feinte.

À 6 m

Tu te situes à 6 m au sein de la défense, tu dois alors manœuvrer ton adversaire et te jouer de lui, puis tu pivotes pour te trouver face au gardien de but. Le tir sera fort ou peu puissant selon la feinte. Il faut savoir feinter dans beaucoup de situations de tir.

❶ Le joueur en pivot a reçu la balle, il défie et tente de feinter son adversaire.

❷ Il pousse vers le haut...

❸ ... et tire au-dessus de la zone.

La défense

Quand l'adversaire a la balle, tu dois réagir rapidement et savoir réaliser les gestes fondamentaux du défenseur. Ils te permettront d'empêcher l'attaquant de marquer le but et tu pourras ainsi récupérer la balle.

❶ Tu te positionnes entre ton but et ton adversaire. Tu gênes ton adversaire, surtout quand il a la balle.

❷ Tu t'opposes au tireur en restant face à lui et en contrant la balle.

❸ Tu peux défendre au contact de ton adversaire, mais sans le ceinturer, ni le pousser.

L'attaquant a la balle

- **Il tente de faire une passe à un coéquipier :**
  — tu es au contact de ton adversaire, reste bien en équilibre et cherche le contrôle du bras porteur de balle (sans pousser !).
- **Il feinte le tir :**
  — continue en contrôlant le mouvement du bras porteur de balle.
- **Il tente de déborder :**
  — place ta jambe en barrage du côté de la course de l'attaquant.
- **Il bouge beaucoup pour passer :**
  — tu tentes de le stopper (sans le ceinturer !).

Si ton adversaire n'a pas la balle :

- tu dois voir la balle et ton attaquant en permanence ;
- reste très mobile pour voir et anticiper ;
- ne reste pas trop près de lui. Cela dépend de la position de la balle sur le terrain.

Le gardien de but

C'est un poste particulièrement important au sein de l'équipe. « Il est le premier rempart de l'équipe et le premier attaquant. »

Les règles dans la surface

Le gardien peut :

- jouer la balle avec n'importe quelle partie de son corps, pieds compris ;
- se déplacer balle en main sans aucune restriction ;
- marquer directement, depuis sa zone, dans le but adverse.
- sortir sans balle en main pour participer au jeu en utilisant les règles des joueurs de champ. Des gardiens marquent ainsi des buts.

Il ne peut pas :

- revenir balle en main du terrain dans la zone (sanction : 1 penalty).
- introduire dans sa propre zone le ballon qu'il prend dans le champ (sanction : 1 penalty).
- quitter la zone, balle en main, après avoir fait, par exemple, un arrêt (sanction : 1 jet franc).
- jouer la balle au pied ou de la jambe si elle ne se dirige pas vers la ligne de but (sanction : 1 jet franc).

Avant le tir

Tu restes bien équilibré sur tes jambes, les bras plus ou moins fléchis ; ton regard ne doit pas quitter la balle.

Attention d'avoir un bon placement par rapport à la tenue de la balle, le but et l'angle de tir.

Pendant le tir

Reste équilibré pour être capable de mettre le plus de surface possible face à la balle.

Tu peux arrêter la balle avec les bras…

… ou bien les jambes. Il est souhaitable d'avoir de bons réflexes.

Après le tir

Tu viens d'arrêter la balle que tu récupères, en qualité de 1er attaquant, et tu relances rapidement.

Anna Loaec, gardienne de but de l'équipe de France

Info plus

Être gardien de but, c'est très stimulant : tu peux diriger ta défense, la sécuriser grâce à une bonne parade à un moment important du match. Tu peux avoir un entraînement particulier à ce poste au sein de ton club.

La récupération

Lorsque l'équipe adverse a perdu la balle, tu peux partir très vite en contre-attaque…

Seul

Tu pars très vite pour recevoir la balle. Seul devant. Tu cours dans l'espace libre après avoir dépassé tes adversaires qui reviennent vers leur but. Attention, ton gardien de but doit te faire une passe précise.

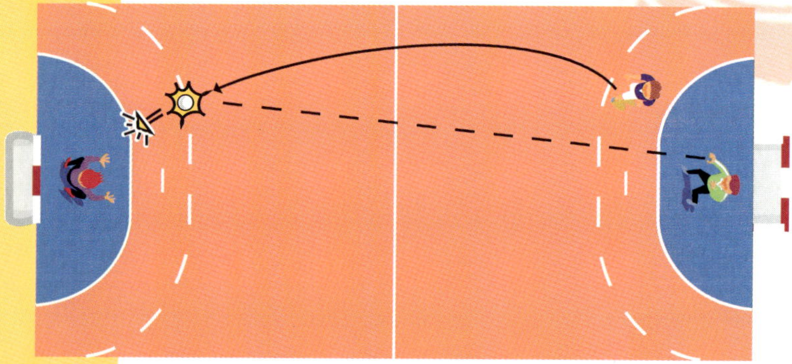

Avec un partenaire

Tu reçois la balle et un défenseur te fait face. Tu passes la balle à un de tes partenaires parti en contre-attaque avec toi. Il reçoit la balle dans l'espace libre et peut marquer le but plus facilement.

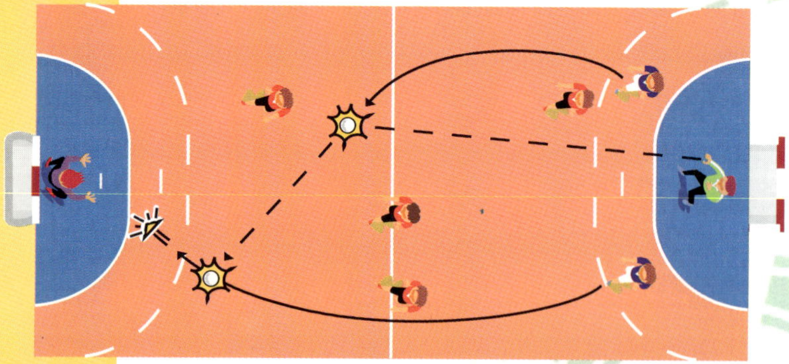

La montée de balle

C'est amener la balle ensemble dans le camp adverse le plus rapidement possible en respectant quelques principes simples. Pour réussir la montée de balle avec tes partenaires, tu dois occuper l'espace en largeur et en profondeur.

Dès que A est en train de tirer au but, le défenseur 6 part en contre-attaque. Le défenseur 5 part aussitôt et peut jouer avec l'ailier 6. Ils forment la 1re vague.

Si la passe directe au 6 ou au 5 n'est pas possible, les joueurs 3 et 1 forment la 2e vague de la montée de balle.

Ensuite les nos 2 et 4 participent à la montée de balle, après la passe du gardien de but. Ils constituent la 3e vague.

L'attaque

Pour réussir en attaque, quelques éléments fondamentaux doivent être parfaitement maîtrisés.

Décaler

Tu es ailier gauche et tu reçois la balle en course. Tu contournes alors ton défenseur et tu te précipites vers le but. Si le 2e défenseur ferme l'intervalle, tu passes à ton arrière gauche qui peut alors tirer.

La circulation de la balle doit être aérée pour faciliter les passes autour de la défense.

Déborder

Tu es arrière gauche, tu reçois la balle de l'ailier gauche, tu manœuvres le défenseur 2 pour tirer au but au-dessus de la zone.

Croiser avec son partenaire

Tu es demi-centre, tu feintes le tir, tu passes à ton arrière droit qui tire ou donne à l'arrière gauche qui tire.

Les différents postes de jeu en attaque

La disposition de base : ailier gauche (ALG) ; arrière gauche (ARG) ; demi-centre (DC) ; arrière droit (ARD); ailier droit (ALD).

L'occupation de l'espace

L'ailier (ALG) peut jouer aussi en pivot. L'arrière latéral (ARG) évolue également sur les autres postes de l'arrière ou en pivot.

Le pivot (PIV) évolue entre la ligne des 6 m (zone) et la ligne des 9 m (jeu franc).

Le demi-centre (DC) joue essentiellement dans le secteur central mais aussi en pivot et sur les postes d'arrière latéral.

Les grands principes de l'attaque

Tu es face à la défense adverse. Pour marquer un but, tu dois connaître et respecter quelques principes collectifs de base.

Occupation maximale de l'espace de jeu

- Écarter le jeu.
- Recevoir la balle en course.
- Menacer l'adversaire par un tir ou une feinte.
- Passer dans de bonnes conditions.
- Se replacer aussitôt après la passe.

Enchaîner plusieurs actions de base

- Rechercher l'espace libre.
- S'engager toujours vers le but.
- Se replacer à chaque fois.
- Passer la balle correctement.
- Jouer avec changement de vitesse.

Stratégie

Tu dynamises tes qualités en les utilisant dans le secteur de jeu qui te convient le mieux.

• **Exemple d'une stratégie d'attaque, comment battre une défense 1 – 2 – 3 :**

Info plus

Il faut choisir et organiser la tactique en fonction de tes qualités et de celles des joueurs de ton équipe.

Les points forts :

- mobilité importante ;
- cohésion ;
- surnombre défensif ;
- perturbation de l'attaque.

Les faiblesses :

- espaces libres importants ;
- sollicitation physique élevée ;
- difficultés à rester solidaires ;
- pas de fautes individuelles.

Choisir une tactique

- Rentrée de l'ailier gauche à l'opposé de la balle et du côté du pivot, au moment de la passe « ailier droit-arrière droit ».
- Perturber l'organisation défensive centrale.
- Utiliser les espaces libres au centre, puis à l'aile.

Ton équipe a perdu la balle

Tu deviens immédiatement défenseur. Tu dois à la fois protéger ton but et chercher à reprendre la balle.

1re stratégie

Tu dois reconquérir la balle, dès la perte de celle-ci, en exerçant un « pressing » sur tout le terrain. Chaque défenseur prend en charge un attaquant et doit contrôler visuellement la position de la balle en permanence. Il harcèle le porteur de la balle afin d'intercepter cette dernière.

2e stratégie

Tu dois protéger d'abord le but en revenant rapidement vers ton terrain. L'équipe se regroupe près de la zone de défense pour empêcher toute contre-attaque. Tu tentes de contrôler la position de la balle en gênant le porteur de la balle.

Tu défends près de ton but

Lorsque tu fais face au porteur de la balle :

- place-toi entre le but et ton adversaire ;
- reste bien équilibré, jambes et bras fléchis ;
- sois plus ou moins proche de l'attaquant selon sa position sur le terrain ;
- tu le contrôles ;
- tu peux intervenir, tu le neutralises en le stoppant.

Quand tu es proche du porteur de la balle :

- aide ton partenaire en te plaçant judicieusement ;
- gêne la passe à ton adversaire direct ;
- interviens sur ton adversaire s'il reçoit la balle.

Info plus

Le repli défensif, c'est avant tout un état d'esprit, la volonté d'empêcher l'action adverse immédiate.

Quand tu es loin du porteur de la balle :

- contrôle ton adversaire ;
- place-toi pour intervenir sur la trajectoire de la balle ;
- intercepte la balle.

Le jeu placé en défense

Pour rendre plus efficaces les comportements de chacun des défenseurs, un rôle particulier leur est attribué selon les dispositifs défensifs.

2 exemples :

Un numéro est attribué à chaque défenseur à partir de la ligne de touche. Selon le secteur de défense dans lequel tu joueras, tu devras connaître et appliquer au mieux des fondamentaux précis.

Mais au-delà d'une bonne coordination et de toute organisation défensive, c'est avant tout ta volonté, ton envie qui te permettront de réussir et de prendre plaisir à jouer en défense.

Les différents systèmes de défense

Tu connais désormais les principes défensifs. Voici plusieurs possibilités pour les organiser collectivement :

▲ La défense de zone

C'est un bloc défensif qui se déplace principalement en fonction de la balle, en cherchant à avoir un maximum de défenseurs dans le secteur de la balle.

▲ La défense homme-à-homme

Chaque défenseur prend en charge un adversaire particulier.

◄ La défense « mixte »

Système qui met en jeu des relations issues des 2 systèmes précédents.

Le mini-handball (1)

Pour les enfants de 7 à 10 ans, il se joue avec 4 joueurs de champ, 1 gardien de but et des remplaçants.

Le terrain

Il mesure 18 à 25 m de long et 15 à 18 m de large et permet d'installer 3 terrains sur 1 seul terrain de handball.

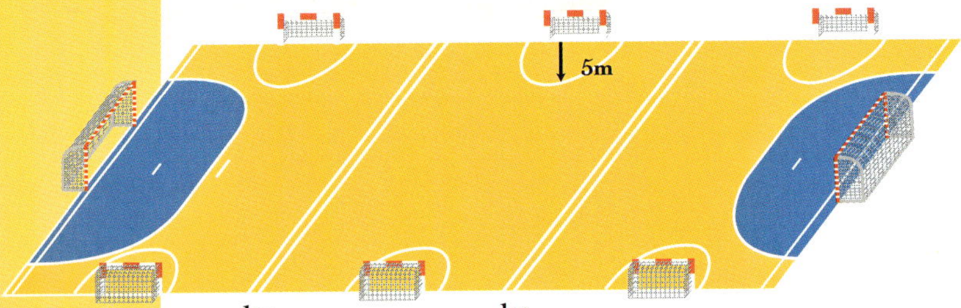

La balle

Elle est en matière synthétique ou en mousse et fait environ 46 à 48 cm de circonférence.

L'engagement

Il se fait au milieu du terrain au début de chaque période, et par le gardien dans sa surface de but après un but.

La durée des matchs

- 10 min x 3 avec 3 min de pause (match simple)
- 8 min x 2 avec 3 min de pause (tournoi à 3)
- 6 min x 2 avec 3 min de pause (tournoi à 4)

Les remises en jeu

Lorsque la balle franchit la ligne de touche, la remise en jeu se fait sur cette ligne.
Lorsque la balle franchit la ligne de fond, la remise en jeu est faite par le gardien. Si la balle a été touchée par un coéquipier du gardien, c'est un corner.

Le gardien de but

Il est libre de ses mouvements dans la surface de but et peut participer au jeu hors de celle-ci, mais ne peut y ramener la balle.

Le joueur de champ

Il ne peut garder la balle plus de 3 secondes et ne peut faire plus de 3 pas balle en main. Il peut passer la balle à son gardien quand celui-ci est dans sa surface. Il peut progresser en dribblant. Il n'a pas le droit de pénétrer dans la surface de but sauf en suspension.

Les sanctions

Toute faute est sanctionnée par un jet franc à l'endroit de la faute. Si celle-ci est sifflée à 2 m de la surface de but, l'adversaire est tout de même obligé de se tenir à 2 m de distance. Toute faute grossière commise à proximité de la surface de but est sanctionnée par un jet à 5 m (penalty) sans empiéter sur la surface de but.

Le mini-handball (2)

Tu as découvert le handball avec le mini-handball à l'école ou à l'occasion d'une animation près de chez toi. Voici 4 situations d'entraînement pour progresser encore plus.

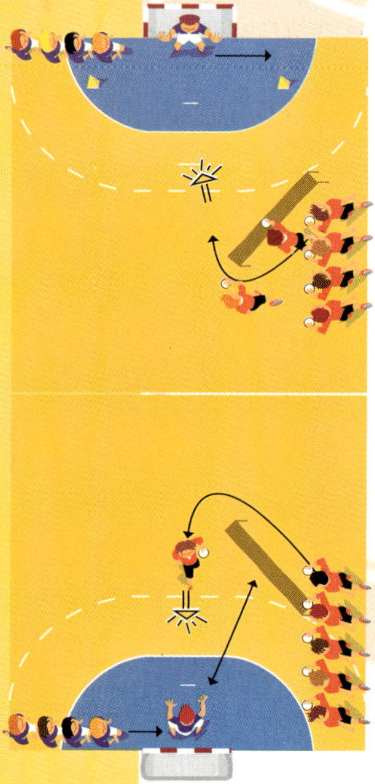

1re situation

• 4 équipes de 5 ; • 2 grands buts aménagés de chaque côté ;
• 2 bancs ; • 2 balises.

Sur chaque but, une équipe joue gardien l'autre tireur. Ton équipe doit marquer un but en prenant le gardien de vitesse ; le signal est donné par le gardien lorsqu'il touche le banc ou une balise. Le tireur contourne le banc pour tirer. Chaque tireur passe 3 fois, on compte les buts de l'équipe et on change.

2e situation

Duel tireur/gardien de but :

• 1 gardien de but ;
• 1 but de mini-hand ;
• des plots ;
• 1 tapis de gym ;
• plusieurs tireurs.

Tu franchis le tapis, le gardien va toucher un des plots.

Arrivé à bonne distance, tu tires selon le placement du gardien, en prise de vitesse, à contre-pied, en lobe ou en te désaxant.

Évolution

Tu supprimes les plots et tu demandes au gardien de piéger les tireurs. Pour habituer le gardien de but à lire les trajectoires, tu tires à 2 mains en lucarne et à une main à rebond.

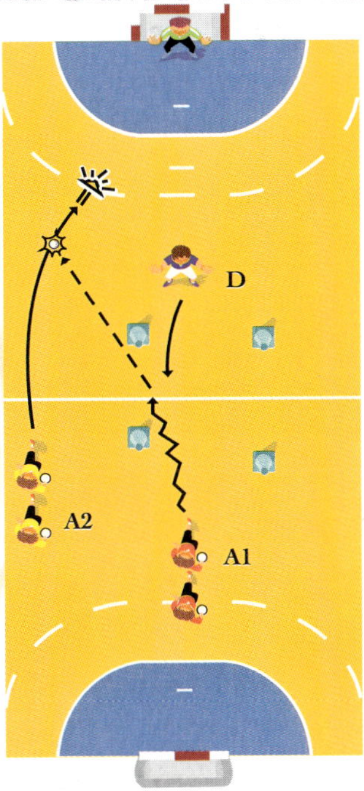

3e situation

Avec 1 partenaire contre 1 adversaire

But du jeu :

- A1 dribble pour entrer dans l'espace de passe, il passe à A2, malgré la pression défensive ;
- A2 court vers le but quand A1 commence à dribbler, il reçoit et tire pour marquer. Chaque joueur compte le nombre de buts qu'il marque ;
- les défenseurs entrent dans l'espace limité pour gêner, harceler A1.

Déroulement/rotation :

- A1 dribble pour entrer dans l'espace de passe où il est gêné par D ;
- quand A1 entre dans l'espace limité, A2 court vers le but et D entre en jeu ;
- A1 lance, A2 reçoit et tire ;
- après sa passe, A1 prend la place de D ;
- après son action défensive, D va en A2 ;
- après son tir, A2 va en A1.

Évolution

Pour réduire ou augmenter l'espace de passe, un défenseur supplémentaire (D2) part de la ligne des 7 m pour gêner A2.

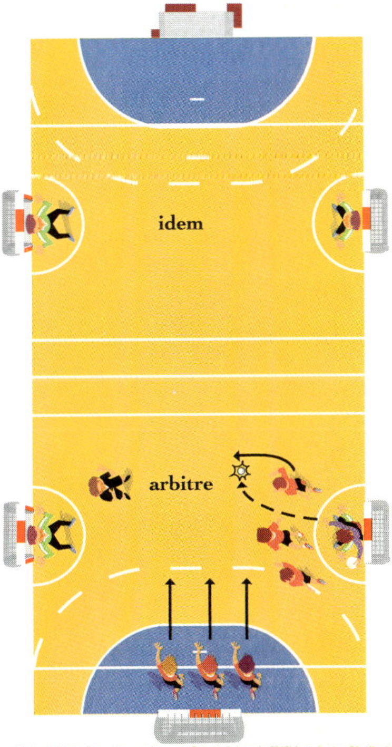

4e situation

Progresser avec mes partenaires

- 2 terrains de handball en largeur ;
- 4 attaquants dans leur terrain ;
- 3 défenseurs sur la touche ;
- 1 gardien dans chaque but ;
- 1 joueur « arbitre ».

Les attaquants reçoivent la balle de leur gardien et doivent tenter d'aller marquer de l'autre côté, les défenseurs entrent sur le terrain pour les en empêcher et essayer de leur « voler » la balle pour marquer. L'équipe qui réussit à marquer reste en attaque.

L'arbitrage

Tu manies irrégulièrement la balle, tu bouscules un adversaire… Attention, l'arbitre veille !

L'échelle des sanctions disciplinaires

- Tu fais pendant le match plusieurs fois la même faute… L'arbitre peut te donner un avertissement verbal.
- Tu continues et ton attitude est alors antisportive… L'arbitre te donne un avertissement disciplinaire (carton jaune).
- Tu persistes dans ta conduite antisportive et irrégulière… L'arbitre décide, à ton encontre, d'une exclusion de 2 min, et, pendant ce temps-là, ton équipe joue avec un joueur de moins.
- Si tu continues encore tes irrégularités, l'arbitre peut décider d'une 2e exclusion. Ton équipe joue de nouveau avec un joueur de moins pendant 2 min.
- Si tu es exclu une 3e fois, ton équipe joue encore avec un joueur de moins pendant 2 min. Mais, plus grave, tu es disqualifié et tu retournes au vestiaire jusqu'à la fin du match.

Info plus

Lorsqu'un joueur donne des coups volontaires à ses adversaires, il est expulsé, c'est-à-dire qu'il n'a plus le droit de participer au match. Il n'est pas remplacé et son équipe joue tout le reste du temps à un joueur de moins.

Empiètement de la surface de but

Double dribble

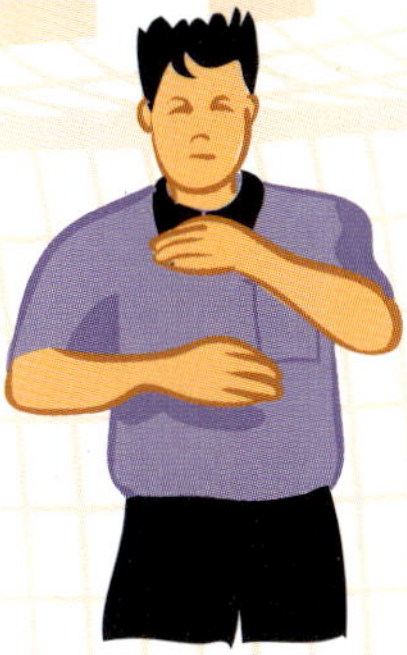

Marcher ou 3 secondes

Ceinturer, retenir ou pousser

Faute d'attaquant, passage en force en courant ou en sautant

Non-respect de la distance des 3 m

But

Jet d'arbitre

Temps mort

Geste d'avertissement pour jeu passif

Les équipes de France

Les équipes nationales ont connu un succès fantastique ces dernières années. L'équipe de France masculine a montré le chemin du succès. Elle est maintenant une des meilleures équipes mondiales.

L'équipe de France masculine

Ses principaux succès mondiaux :

- championne du monde en 1985 ;
- 3e place aux Jeux olympiques de Barcelone, 1992 ;
- vice-championne du monde en 1993 ;
- 4e place aux Jeux olympiques d'Atlanta, 1996 ;
- 3e place au Mondial 1997.

Jackson Richardson

Formidable joueur, reconnu meilleur joueur mondial, il a apporté le sens du spectacle et le don de soi à cette équipe de France.

En bas, l'équipe de France olympique, Sydney 2000

L'équipe de France féminine

Nouvelle arrivée au plus haut niveau mondial, l'équipe de France féminine a signé une grande performance au Mondial 1999 en Norvège.

Capitaine de cette fabuleuse équipe de France, Sandrine Mariot apporte spontanéité et détermination.

L'équipe de France olympique, Sydney 2000

Ses principaux succès mondiaux :

- 1re place aux Jeux méditerranéens en 1997 ;
- vice-championne du monde en 1999 ;
- l'équipe de France s'est qualifiée pour les Jeux olympiques de Sydney et les prochains championnats d'Europe 2000.

Devenir joueur de haut niveau

Tu désires devenir un grand joueur, peut-être international, inscris-toi d'abord dans un club qui te proposera des conditions pour te préparer et disputer des matchs.

Pour les jeunes

Tu peux commencer à partir de 8 ans avec le mini-handball. Ensuite, des championnats départementaux et régionaux sont organisés à partir de 12 ans. Enfin, tu peux participer à des championnats de France dès 18 ans.

Pour les seniors

Cela commence en nationale 2 pour les féminines, en nationale 3 pour les masculins, jusqu'en division1 masculin et féminine.

L'OM Vitrolles remporte la coupe d'Europe des vainqueurs de coupe, en 1993.

Coupe d'Europe

Les meilleurs clubs participent aux compétitions européennes chaque année.

Sport et études

Si tu désires associer études et handball, tu peux rentrer dans un pôle fédéral à partir de 15 ans. Des aménagements sont effectués pour que tu puisses t'entraîner tous les jours et suivre tes études normalement.

Sélections nationales jeunes

Tu seras peut-être retenu en équipe de France jeunes (– 19 ans) ou France juniors (– 21 ans).

Les entraîneurs

Daniel Costantini

Si tu veux devenir entraîneur, il te faudra travailler, apprendre, écouter et observer. Tu peux dès l'âge de 16 ans passer des diplômes fédéraux.

Glossaire

Où peux-tu t'adresser ?
La pratique du handball t'intéresse, contacte la **Fédération française de handball**
62, rue Gabriel-Péri
94250 Gentilly
Tél. : 01 46 15 03 55
Fax : 01 46 15 03 60
3615 Hand
http://www.ff-handball.org

A

Alignement : montée aux côtés d'un ou de plusieurs partenaires.

B

Base arrière : ensemble des joueurs qui évoluent loin du système défensif adverse.

Base avant : ensemble des joueurs qui évoluent à proximité de la surface de but et au contact du système défensif adverse.

Blocage : faire obstacle à un déplacement du défenseur.

C

Couloir de circulation : espace de jeu qui permet des déplacements entre la surface de but et un rideau de défense, entre 2 rideaux de défense ou entre la défense et l'attaque.

D

Décalage : libérer l'espace d'un partenaire en mobilisant son défenseur.

Défense de zone : couvrir un espace et marquer un attaquant par rapport au déplacement de la balle.

Défense homme-à-homme : prise en charge d'un adversaire particulier.

Dissuasion : empêcher certains déplacements ou son adversaire direct de recevoir la balle.

Distance de combat : distance à l'adversaire, qui paraît momentanément la plus avantageuse pour maîtriser le duel.

Duel : affrontement direct entre 2 adversaires.

E

Écran : utilisation du corps pour faire obstacle à un déplacement antérieur du défenseur.

Entraide : ensemble des actions entreprises par un ou plusieurs partenaires pour permettre à l'équipe de conserver l'avantage.

H

Harcèlement : perturber l'action de l'adversaire direct.

I

Induction : feinte qui vise à entraîner l'adversaire dans une direction opposée à celle qui va être prise.

Interception : attraper la balle en anticipant la trajectoire de la passe.

J

Joueur en appui : joueur situé en avant du porteur de balle.

Joueur en soutien : joueur situé en arrière du porteur de balle.

K

Kung-fu : jouer au-dessus de la zone pour tirer ou servir un partenaire.

M

Mouvement tactique : enchaînement d'actions connu par tous les joueurs dans le but d'exploiter toute possibilité de but qui se présenterait.

N

Neutralisation : stopper l'action du porteur de balle.

P

Pivot : joueur évoluant dans la défense adverse proche de la surface du but.

Poste : joueur dont l'espace de jeu se situe devant le système défensif ou entre 2 lignes de défenseurs.

R

Rapport de forces : interaction continuelle entre les initiatives des joueurs de l'une et l'autre équipe pour prendre l'avantage.

Roucoulette : balle à effet avec rebond pour tirer ou passer.

T

Tactique individuelle : ensemble des initiatives issues de la connaissance et de l'expérience prises par les joueurs pour battre l'adversaire ou aider un partenaire de manière ponctuelle.

Technique individuelle : ensemble des savoir-faire connus et utilisables pour battre l'adversaire seul ou en relation avec le(s) partenaire(s).

Trapèze : disposition de 4 postes de jeu, qui permet une occupation maximale en largeur et en profondeur.

Crédit photo :

Roger-Viollet : p. 4 (h) ; p. 5.

Fédération française de handball : p. 4 (b) ; p. 7 (b) ; p. 13 (h) ; p. 20 (hg) et (bg) ; p. 21 ; p. 26 ; p. 42 (b).

Temps Sport : p. 7 (h) ; p. 8 ; p. 13 (b) ; pp. 14-15 ; pp. 16-17 ; pp. 18-19 ; p. 20 (m) ; pp. 22-23 ; p. 31 ; pp. 34-35 ; p. 38 ; p. 40 (m) ; p. 42 (h) ; p. 43.

France Europe Photo : p. 40 (b) ; p. 41.

Presse Sport : photographie de couverture.

Maquette : Didier Gatepaille

Loi 49.956 du 16.07.1949
Dépôt légal : 3e trimestre 2000
ISBN : 2-7459-0104-4
Imprimé en Espagne par Grafman